オールカラー
北海道の
廃線記録
（石北本線、釧網本線沿線編）

写真：安田就視　解説：辻 良樹

相生線の終着駅北見相生駅。1925（大正14）年に津別駅から延伸して開業した。赤い屋根が特徴の比較的大きな木造駅舎が建ち、給水塔や転車台も備えた。木造駅舎の窓が木枠で味わいがあり、写真右側に立て掛けてあるリアカーも雰囲気を出している。1973（昭和48）年撮影当時の相生線は、1日7往復が運行され、廃線となった1985（昭和60）年時点の1日6往復より1往復多かった。◎北見相生　1973（昭和48）年10月10日

.....Contents

まえがき

　今回は、道北から道東にかけて6路線と国鉄再建法以前に廃止された1路線の紹介。前者の6路線は国鉄末期あるいはJR北海道へ継承後に廃止の特定地方交通線で、その中には唯一、本線でありながら特定地方交通線として廃止された名寄本線を含む。

　つまり、本線、支線ともども姿を消してしまい、現在は石北本線、釧網本線が1本の筋のようになっている。時刻表の索引地図を見ると、遠軽駅や網走駅が、その先にあった路線図の痕跡を伝えるかのようにして残り、皮肉にも接続路線が現役だった当時よりもスッキリしていて両駅を探しやすい。つまり、鉄道空白地帯が目立つ。逆に、オホーツク海沿岸部では貴重な市でありながら廃線の自治体となった紋別市は、紋別空港の記号は探しやすいが、ぱっと索引地図を見ただけでは位置を発見しづらい。

　道央よりもむしろ色々な路線が入り混じっていた印象の道北や道東。流氷や氷結した湖、放牧や根釧原野といった、いかにも北海道らしい沿線風景が見られた。安田就視氏やRGGの写真には9600形の写真も多い。道央では石炭輸送のシーンが数多くあった9600形だが、今回の掲載路線では、森林資源を活かした木材輸送が主役である。

　当時の国鉄線の特徴は、路線が繋がり合って多くが環状型に形成されていた点だ。途中で路線が途切れることなく、乗り継ぎが出来た。また、そのような接続駅から、さらに枝線が分岐し、中湧別駅のような交差点的な駅や旅客列車が1日2往復発着の名寄本線支線湧別駅もあった。各線の起点駅や終着駅、途中駅も掲載。興部、雄武、渚滑、北見滝ノ上、佐呂間、常呂、北見相生、中標津に根室標津。ともに道北や道東で存在感を放っていた。鉄道空白地帯となった索引地図からは、なかなか見つけにくくなった所だが、この写真集では在りし日の姿が存在感を放っている。

2021年3月　辻 良樹

中湧別方から見た名寄本線湧別支線の湧別駅構内。折り返しのキハ22が1番線で発車を待つ。写真の右奥に貨車が留置されている。キハ22が停車する1番線の先から貨車方面へ戻る側線が分岐し、貨物ホームへ延びていた。貨車の右側には貨物列車を牽引してきた9600形の炭水車が写る。
◎湧別　1974（昭和49）年2月6日

【名寄本線】

区間	名寄～遠軽(138.1km)
開業	1919(大正8)年10月20日
廃止	1989(平成元)年5月1日
区間	中湧別～湧別(4.9km)
開業	1916(大正5)年11月21日
廃止	1989(平成元)年5月1日

名寄　なよろ
0.0km(名寄起点)
↓
中名寄　なかなよろ
5.8km(名寄起点)
↓
上名寄　かみなよろ
9.7km(名寄起点)
↓
矢文　やぶみ
12.1km(名寄起点)
↓
岐阜橋　ぎふばし
13.8km(名寄起点)
↓
下川　しもかわ
16.5km(名寄起点)
↓
二ノ橋　にのはし
21.4km(名寄起点)
↓
幸成　こうせい
25.0km(名寄起点)
↓
一ノ橋　いちのはし
27.9km(名寄起点)
↓
上興部　かみおこっぺ
38.9km(名寄起点)
↓
西興部　にしおこっぺ
45.2km(名寄起点)
↓
六興　ろっこう
48.8km(名寄起点)
↓
中興部　なかおこっぺ
52.2km(名寄起点)
↓
班渓　ぱんけ
55.3km(名寄起点)
↓
宇津　うつ
58.6km(名寄起点)
↓
北興　ほっこう
64.3km(名寄起点)
↓

興部　おこっぺ
67.8km(名寄起点)
↓
旭ヶ丘　あさひがおか
69.1km(名寄起点)
↓
豊野　とよの
73.0km(名寄起点)
↓
沙留　さるる
77.7km(名寄起点)
↓
富丘　とみおか
81.4km(名寄起点)
↓
渚滑　しょこつ
88.9km(名寄起点)
↓
潮見町　しおみちょう
91.9km(名寄起点)
↓
紋別　もんべつ
93.1km(名寄起点)
↓
元紋別　もともんべつ
97.7km(名寄起点)
↓
一本松　いっぽんまつ
102.6km(名寄起点)
↓
小向　こむかい
105.9km(名寄起点)
↓
弘道　こうどう
108.2km(名寄起点)
↓
沼ノ上　ぬまのうえ
112.6km(名寄起点)
↓
旭　あさひ
117.2km(名寄起点)
↓
川西　かわにし
119.3km(名寄起点)
↓
中湧別　なかゆうべつ
121.9km(名寄起点)
↓
北湧　ほくゆう
125.0km(名寄起点)
↓
上湧別　かみゆうべつ
126.5km(名寄起点)
↓
共進　きょうしん
129.7km(名寄起点)
↓

開盛　かいせい
133.6km(名寄起点)
↓
北遠軽　きたえんがる
135.4km(名寄起点)
↓
遠軽　えんがる
138.1km(名寄起点)

＜湧別支線＞
中湧別　なかゆうべつ
0.0km(中湧別起点)
↓
四号線　しごうせん
3.0km(中湧別起点)
↓
湧別　ゆうべつ
4.9km(中湧別起点)

【湧網線】

区間	中湧別～網走(89.8km)
開業	1935(昭和10)年10月10日
廃止	1987(昭和62)年3月20日

中湧別　なかゆうべつ
0.0km(中湧別起点)
↓
芭露　ばろう
9.9km(中湧別起点)
↓
計呂地　けろち
16.5km(中湧別起点)
↓
床丹　とこたん
21.0km(中湧別起点)
↓
佐呂間　さろま
29.3km(中湧別起点)
↓
知来　ちらい
36.0km(中湧別起点)
↓
仁倉　にくら
41.4km(中湧別起点)
↓
浜佐呂間　はまさろま
46.0km(中湧別起点)
↓
北見富岡　きたみとみおか
49.4km(中湧別起点)
↓
北見共立　きたみきょうりつ
54.0km(中湧別起点)
↓

↓

常呂　ところ
59.5km（中湧別起点）

↓

能取　のとろ
66.7km（中湧別起点）

↓

北見平和　きたみへいわ
73.1km（中湧別起点）

↓

卯原内　うばらない
76.6km（中湧別起点）

↓

二見ヶ岡　ふたみがおか
82.1km（中湧別起点）

↓

網走　あばしり
89.8km（中湧別起点）

【渚滑線】

区間	渚滑～北見滝ノ上（34.3km）
開業	1923（大正12）年11月5日
廃止	1985（昭和60）年4月1日

渚滑　しょこつ
0.0km（渚滑起点）

↓

下渚滑　しもしょこつ
4.7km（渚滑起点）

↓

中渚滑　なかしょこつ
9.5km（渚滑起点）

↓

上渚滑　かみしょこつ
16.8km（渚滑起点）

↓

滝ノ下　たきのした
24.8km（渚滑起点）

↓

濁川　にごりかわ
31.0km（渚滑起点）

↓

北見滝ノ上　きたみたきのうえ
34.3km（渚滑起点）

【興浜南線】

区間	興部～雄武（19.9km）
開業	1935（昭和10）年9月15日
廃止	1985（昭和60）年7月15日

興部　おこっぺ
0.0km（興部起点）

↓

↓

沢木　さわき
8.3km（興部起点）

↓

栄丘　さかえおか
13.4km（興部起点）

↓

雄武　おむ
19.9km（興部起点）

【相生線】

区間	美幌～北見相生（36.8km）
開業	1924（大正13）年11月17日
廃止	1985（昭和60）年4月1日

美幌　びほろ
0.0km（美幌起点）

↓

上美幌　かみびほろ
6.2km（美幌起点）

↓

活汲　かっくみ
11.9km（美幌起点）

↓

津別　つべつ
16.6km（美幌起点）

↓

恩根　おんね
20.8km（美幌起点）

↓

本岐　ほんき
24.7km（美幌起点）

↓

布川　ぬのかわ
32.3km（美幌起点）

↓

北見相生　きたみあいおい
36.8km（美幌起点）

【根北線】

区間	斜里～越川（12.8km）
開業	1957（昭和32）年11月10日
廃止	1970（昭和45）年12月1日

斜里　しゃり
0.0km（斜里起点）

↓

以久科　いくしな
4.6km（斜里起点）

↓

下越川　しもこしかわ
8.2km（斜里起点）

↓

越川　こしかわ
12.8km（斜里起点）

【標津線】

区間	標茶～根室標津（69.4km）
	中標津～厚床（47.5km）
開業	1933（昭和8）年12月1日
廃止	1989（平成元）年4月30日

＜標茶～根室標津＞
標茶　しべちゃ
0.0km（標茶起点）

↓

多和　たわ
2.7km（標茶起点）

↓

泉川　いずみかわ
12.7km（標茶起点）

↓

光進　こうしん
17.3km（標茶起点）

↓

西春別　にししゅんべつ
22.5km（標茶起点）

↓

上春別　かみしゅんべつ
27.7km（標茶起点）

↓

計根別　けねべつ
31.9km（標茶起点）

↓

開栄　かいえい
36.1km（標茶起点）

↓

当幌　とうほろ
40.7km（標茶起点）

↓

中標津　なかしべつ
47.1km（標茶起点）

↓

上武佐　かみむさ
55.2km（標茶起点）

↓

川北　かわきた
60.1km（標茶起点）

↓

根室標津　ねむろしべつ
69.4km（標茶起点）

＜中標津～厚床＞
中標津　なかしべつ
0.0km（中標津起点）

↓

協和　きょうわ
5.4km（中標津起点）

↓

春別　しゅんべつ
12.1km（中標津起点）

↓

平糸　ひらいと
18.2km（中標津起点）

↓

別海　べっかい
23.7km（中標津起点）

↓

奥行臼　おくゆきうす
36.0km（中標津起点）

↓

厚床　あっとこ
47.5km（中標津起点）

興浜南線、渚滑線の沿線（昭和37年）

国土地理院発行「20万分の1地形図」

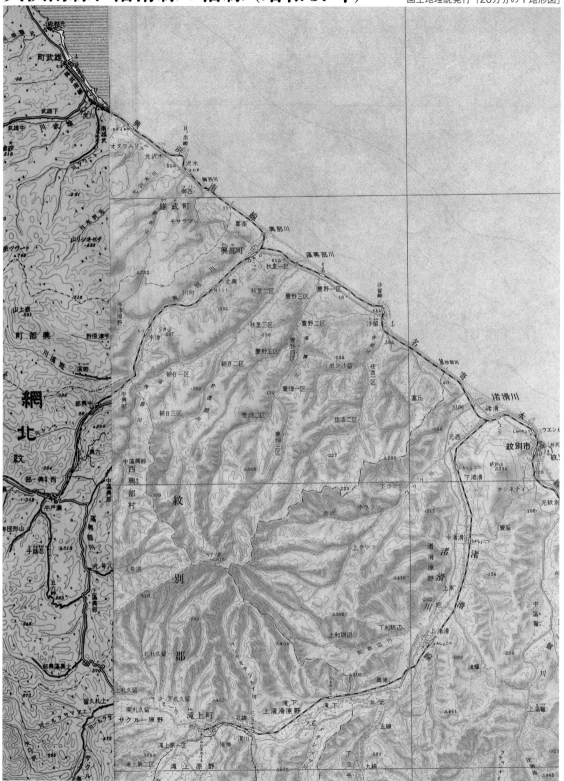

興部駅から北東へ進み、オホーツク海沿いに出た興浜南線は、日の出岬（日ノ出岬）で海側へ少し迂回するなど変化も見られるが、ほぼ海沿いを北西へ進んだ後に終着の雄武駅に達した。一方、渚滑線は興浜南線とは対照的に、起点駅の渚滑駅からどんどん内陸へと入り、渚滑川に沿うようにして山間部の北見滝ノ上駅へ向かった。

根北線の沿線（昭和37年）

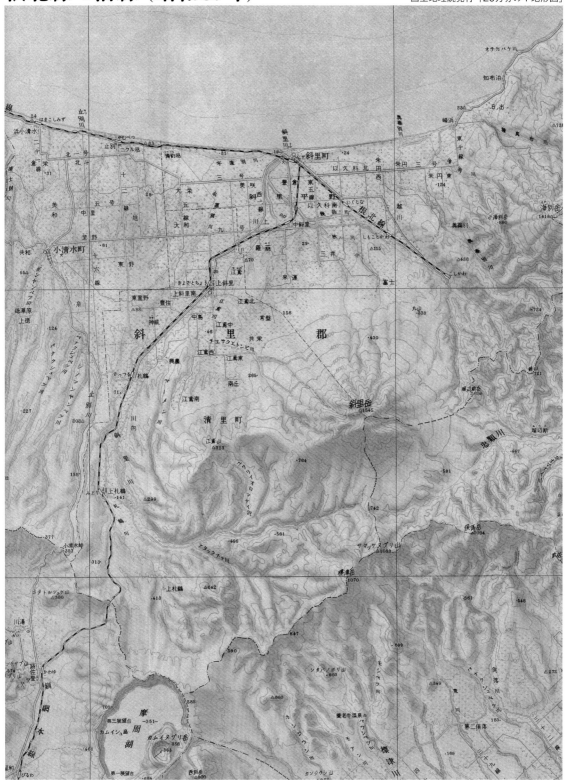

地図右上の先が知床半島で、その付け根あたりが斜里町の中心地。市街地の南端に釧網本線の斜里駅（現・知床斜里駅）があり、1957（昭和32）年11月に越川駅まで開通した根北線が南東へ向けて分岐している。根室標津駅まで計画の路線で、未成区間には戦前に完成したコンクリート製アーチ橋の越川橋梁がある。元々人口希薄地帯に開業し、越川駅から先の開業は叶わず、1970（昭和45）年12月に全線が廃止された。

湧網線の沿線（昭和37年）

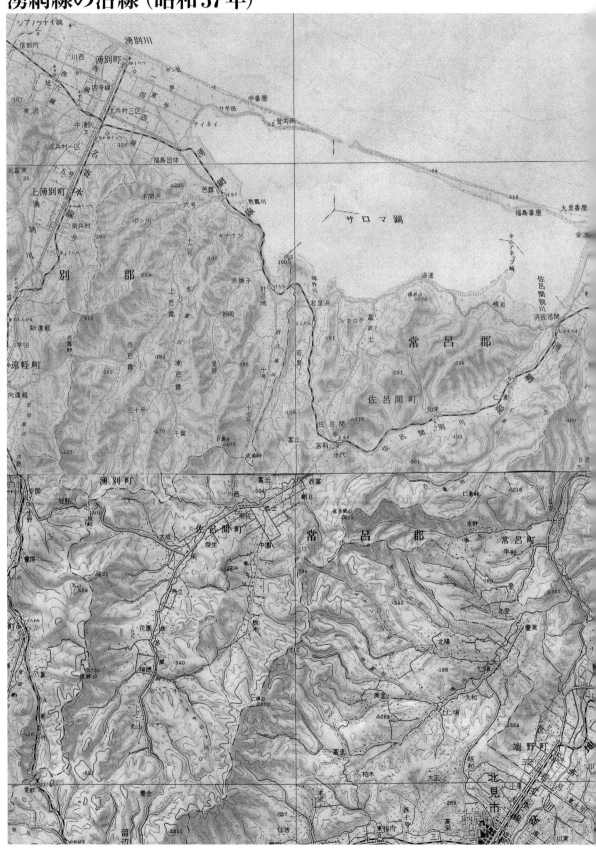

湧網線の起点は中湧別駅。地図の左上に位置し、下からオホーツク海へ向かって真っすぐ描かれて左へ折れるのが名寄本線、右に折れるのが湧網線だ。中湧別駅からオホーツク海側へ進むのは、中湧別〜湧別間の名寄本線支線である。湧網線はサロマ湖の南を走ると、佐呂間駅へ向かって湖畔から大きく離れて迂回する。そして浜佐呂間駅付近で再びサロマ湖畔へ出る。次にオホーツク海に近い常呂駅を目指し、湧網線唯一のオホーツク海沿いの区間を走る。再び内陸へ入って能取湖の西へ進路を変え、能取湖の南へ回り込んだ後に網走湖をかすめ、網走着となる。

標津線の沿線（昭和37年）

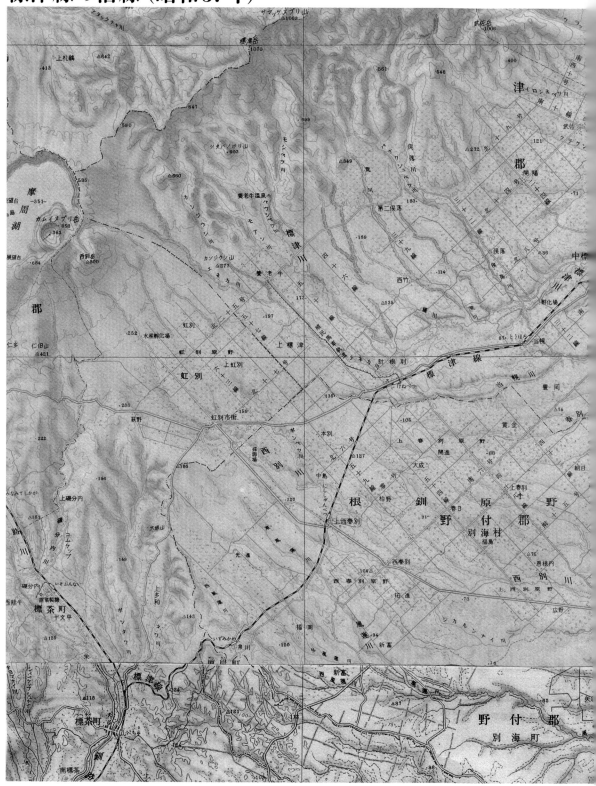

地図の左下、標茶駅の先で釧網本線と分かれて右へ向かうのが標津線。根釧原野を走り、計根別駅を経て、標津線支線が右から合流すると中標津駅だ。標津線は標茶～根室標津間の路線。中標津駅を出ると北へ進路を変え、川北駅の先で東進、やや南へ回り込んでオホーツク海沿いの根室標津駅に到着した。一方、中標津～厚床間の支線は、中標津駅を出ると南東へ下り、根釧原野の春別駅や西別駅（後の別海駅）を経て、厚床駅で根室本線と接続した。

標津原野 津 郡 標津線 三本木 標津川 根

標津町 室

浜茶志骨
ポン茶志骨
標 ホンノウシ
ポンニッタイ
津 チブカルウス
川 エキタラウス
当幌川

ホンベツ 新所島 ポン島 ゴメ島 竜神湾
尾岱沼 ヤウンノウ島 ポッコ沼 竜神崎
戸春別 ノテット島 野付崎
平糸原野 春別川 ナカシベツ
菊水 春別

春別原野 春別川
根 中春別 チブシナイ川
別海村 床丹
釧 平糸原野 床丹川
原 野 付 郡
野 西別原野 北別川
西別 葉敏沼
西別川 別海 西別川
ポンヤウシベツ川
北十五線 ウシ
北矢臼別 矢臼別
矢臼別原野 風蓮湖 走古丹

上矢臼別 中矢臼別 一本木 伏古達太
東矢臼別 香川 ヤリムカシ
野 付 郡 風蓮 ハルタモシリ島
上南 別 海 村 風蓮 巾着山 風蓮湖
カイガラコタン

11

相生線の沿線（昭和37年）

国土地理院発行「20万分の1地形図」

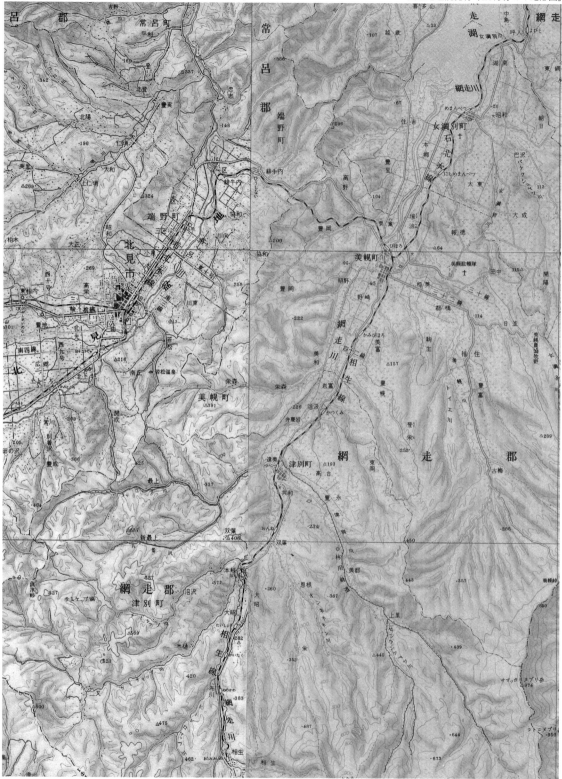

相生線は、地図の右側、石北本線美幌駅から分岐。網走川に沿って南へ向かった。元は、釧路〜美幌間の釧美線計画のもと着工された路線だが、釧網本線の全線開通によって、釧路と美幌を結ぶ計画は頓挫し、美幌〜津別間、次いで津別〜北見相生間が開業するだけに終わった。沿線の中心駅は津別駅で、木材の搬出で賑わった時代もあったが、沿線の人口が少なく、1985（昭和60）年4月に全線廃止された。

名寄本線の沿線（昭和34年）

国土地理院発行「20万分の1地形図」

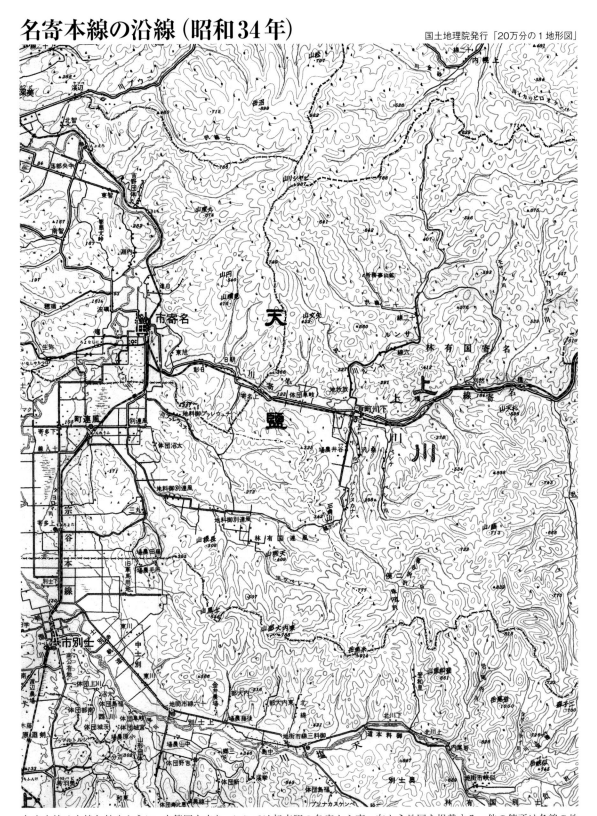

名寄本線は本線と付くように、広範囲を走り、ここでは起点駅の名寄から東へ向かう地図を掲載する。他の箇所は各線の地図を参照。名寄駅の南で左へ深名線が分岐した後、すぐに右へ分岐するのが名寄本線。真っ直ぐ描かれているのは宗谷本線。上名寄は、名寄市ではなくお隣の下川町。地図は戦前の地図を修正した昭和26年版で、下川町は町制施行して間もない頃。町の代表駅下川駅は、1986（昭和61）年のダイヤ改正前まで運行の急行「紋別」停車駅だった。地図右端の一ノ橋駅を出ると、9600形が重連で越えた難所、天北峠が待っていた。

名寄本線
なよろほんせん

夏の麦畑を横に見ながら黒煙を漂わせて走る9600形牽引の貨物列車。そろそろ収穫時期を迎えた小麦が広がる。沿線は下川町で、上名寄駅は名寄と付くが下川町に所在し、同駅から一ノ橋駅までは下川町である。なお、上名寄駅と下川駅の間には、矢文駅と岐阜橋駅の2駅があり、ともに1959（昭和34）年に仮乗降場から昇格した駅だ。
◎上名寄〜下川（撮影区間不詳）1972（昭和47）年8月7日

天北峠を越える9600形重連による貨物列車。本州では春めいた時期であっても、名寄本線天北峠では冬の闘いが続いた。25パーミルの勾配を越えるため補機が連結され、名寄方面への上り列車の補機は上興部駅の転車台で方転した前向きの機関車を連結したが、下り列車の補機は方転しないで写真のように逆向きに連結された。そのため上り列車の人気が高かったが、逆向きのシーンもこれはこれで天北峠越えを物語った。◎一ノ橋～上興部　1973（昭和48）年3月30日

正面を向いた補機が連結されて、上興部～一ノ橋間の難所、天北峠を越える9600形重連牽引の貨物列車。日によっては3重連も見られた。これは、興部方面から重連で運行されることもあり、上興部駅で元々重連の貨物列車に補機が連結されて3重連となった。◎上興部～一ノ橋　1970（昭和45）年8月6日　撮影：河野 豊（RGG）

駅跡は「上興部鉄道記念館」になり、
駅舎を活用した鉄道資料館のほか、駅
舎側のホームと島式ホーム、線路が保
存され、急行形ディーゼルカーのキハ
27形や除雪用のDD14形、腕木式信号機
などが展示されている。
◎上興部駅跡　1999（平成11）年9月

雪景色のガーダー橋を渡るキューロク牽引の貨物列車。西興部から中興部へと進むと、蛇行する興部川が車窓の友となった。西興部と中興部の間には、六興仮乗降場があり、1987（昭和62）年にJR北海道となり六興駅へ昇格した。
◎西興部～中興部（撮影区間不詳）
1973（昭和48）年3月30日

凍り付いた冬景色の中、白煙を流しながらガーダー橋を渡る9600形牽引の貨物列車。このあたりは、興部川や支流が混じり合い蛇行し、橋梁が多い区間。中興部〜宇津間には班渓仮乗降場(後に駅)があり、全線廃止まで存在したが、人家はかなり少なかった。◎宇津〜中興部(撮影区間不詳)1973(昭和48)年3月30日

班渓仮乗降場の仮乗降場標と時刻表、そして乗車案内。乗車案内は、ホームが短いために開くドアを案内している。読みは「ぱんけ」。近くに、興部川の支流でパンケ沢と呼ばれる班渓川が流れる。
◎班渓仮乗降場　1983（昭和58）年3月16日　撮影：森嶋孝司（RGG）

荷物郵便車のキユニ26を先頭に興部駅
を発車する下り列車。一部の駅を通過
する普通列車として遠軽まで走り、遠
軽～旭川間で急行「大雪4号」となっ
た。左奥が駅舎と単式ホーム、手前が
島式ホームで、2面3線だった。写真
左側には側線が見られる。
◎興部　1983（昭和58）年3月16日
撮影：森嶋孝司（RGG）

興浜南線分岐駅で、急行「紋別」停車駅であった主要駅の興部駅。興浜南線が開業した1935（昭和10）年に改築された大柄な駅舎が町の玄関口だった。駅跡は「興部交通記念館」を併設した「道の駅おこっぺ」やバスターミナル、公園になっており、キハ22を使った簡易宿泊所のほか、D51形の動輪などもある。
◎興部　1983（昭和58）年3月16日
撮影：森嶋孝司（RGG）

豊野〜沙留間は、オホーツク海に近づく区間。急行形のキハ56や荷物郵便車をサンドした４連の列車が海を背景にして走る。
この列車は遠軽〜旭川間で急行「大雪４号」となるが、名寄本線では一部の駅を通過する普通列車として運行した。ちなみ
に駅名の読みは「さる」ではなく「さるる」である。◎豊野〜沙留　1981（昭和56）年10月12日

9600形牽引の貨物列車が、凍てつく渚
滑川を渡る。灰色のガーダー橋上には、
冷蔵車やコンテナ貨車、タンク車も連
結したバラエティ豊かな貨物列車が
走る。渚滑川は、富丘仮乗降場～渚滑
間の渚滑寄りに位置し、渚滑の名の由
来は滝つぼを示すアイヌ語の「ソー・
コッ」である。
◎渚滑～富丘仮乗降場
1973 (昭和48) 年3月29日

渚滑川を単行のキハ22が渡る。紋別市のオホーツク海沿岸部は、寒暖差のある内陸部とは異なり冬期であっても比較的温暖な気候として知られているが、やはりそこは北海道。3月下旬でも寒々しく冷たそうな雪景色だ。
◎渚滑～富丘仮乗降場
1973（昭和48）年3月29日

夏の渚滑川で横から鉄橋を見たところ。放牧されている乳牛だろうか。一頭の乳牛が川原に立つ姿が北海道の河川らしい。
向うには、黒貨車を連ねたキューロク牽引の貨物列車が黒い煙を棚引かせながら、のんびりと走る情景が写っている。
◎渚滑～富丘仮乗降場　1972（昭和47）年8月8日

夕景の渚滑川を渡るキハ22の2連。1両がまともに夕陽を浴びて、車体から強い反射光を放っている。車窓からの雄大な渚滑川の景色が思い浮かぶ。オホーツク海が写真奥側で、渚滑川はこの先オホーツク海へ注ぐ。
◎渚滑～富丘仮乗降場　1981（昭和56）年10月12日

紋別市の市街地を背景にして走るキハ22の
一般色と朱色。紋別市はオホーツク海沿岸
屈指の都市で、面積が広い。写真からも市
街地が広がる様子が見てとれる。人口は
ピーク時の昭和40年代初めに4万人だっ
たが、写真当時は3万人台に減り、現在は
2万人強にまで減少している。
◎元紋別〜紋別　1983（昭和58）年10月13日

紋別市渚滑町に所在した渚滑駅。写真は、1983（昭和58）年当時の渚滑駅舎で、当時は急行「紋別」が停車し、渚滑線が分岐する駅の顔だった。その後、1985（昭和60）年4月に渚滑線が廃止、急行「紋別」は翌年の1986（昭和61）年11月に廃止され、同時に渚滑駅の列車交換設備も廃止となった。分岐駅の貫禄を漂わせていた駅舎は廃線まで使用されたが、末期数年は無人化した駅舎であった。
◎渚滑　1983（昭和58）年3月16日
撮影：森嶋孝司（RGG）

警戒のゼブラ模様が煙室ドアなどに入った9600形が白煙を勢いよく吐いて進行してくる。紋別駅と元紋別駅は、1921（大正10）年3月の名寄東線中湧別〜興部間開通時にともに開業した駅。元紋別駅は紋別市元紋別に所在し、紋別の地名発祥地である。◎元紋別〜紋別　1974（昭和49）年2月5日

紋別駅は、名寄本線沿線の中心都市紋別市の代表駅だった。駅舎はそれに相応しいコンクリートによる近代的な駅舎で、1971（昭和46）年の改築によって誕生した。名寄本線起点の名寄や終点の遠軽を除き、138.1kmの路線でみどりの窓口設置駅は紋別駅だけで、その点でも沿線最大の中心駅だったことがわかる。
◎紋別　1983（昭和58）年7月30日
撮影：荒川好夫（RGG）

雪原に注ぐ朝陽を受けて、早朝の鉄路を走る9600形。斜光による幻想的な情景だ。名寄本線は、中湧別から先、紋別・名寄方面へ向けて北西へ進路を変える。中湧別駅と沼ノ上駅の駅間には、仮乗降場から駅へ昇格した川西駅と旭駅があり、川西駅は1959（昭和34）年に、旭駅は1956（昭和31）年にそれぞれ昇格した。
◎中湧別～沼ノ上（撮影区間不詳）
1973（昭和48）年3月29日

上湧別町の中心地に所在した駅。写真向うのプラットホームと千鳥配置で手前側にもホームがあり、2面2線だったが、列車交換設備の廃止によって1線は本線として使用されなくなり、やがて単式ホーム1面1線となった。写真当時は有人駅であったが、1986（昭和61）年に無人化された。◎上湧別　1982（昭和57）年7月27日　撮影：木岐由岐（RGG）

遠軽方面から見た様子。写真当時は交換可能な駅だった。右に写る駅舎側の線路が2番線で下りホーム、左側の線路が1番線。キハ22の朱色が写る右側に上り用ホームがあった。上りと下りホームは千鳥配置。千鳥配置も含めて通常の2面2線であれば間に2線があってホームが挟む構造だが、この駅は写真左の上りホーム左側に1番線が敷かれていた。1986（昭和61）年に列車交換設備を廃止。駅舎側のホームと写真右側の2番線が残り、単式ホーム1面1線の駅となった。
◎開盛　1982（昭和57）年6月25日

キハ22一般色と朱色の3連による下り列車が遠軽方面へ発車したところ。左側の林は防雪林。1989（平成元）年5月に名寄本線は全線廃止。その後、駅跡地は再開発が行われ、遠軽方は町道や住宅地へ転用されて姿を一変した。
◎開盛　1982（昭和57）年6月25日

遠軽を出てしばらく走った区間。山並
みを背景として遠軽町、上湧別町の耕
作地をのんびりと北東へ向かった。キ
ハ22の一般色と朱色による2連が、爽
やかな夏の北海道の景色を走り去った。
◎北遠軽〜開盛
1982（昭和57）年7月29日
撮影：森嶋孝司（RGG）

北海道らしい農場風景を走るキハ22の
2連。背景の林は防雪林で、風雪の厳
しさを感じさせてくれる。開盛駅は当
時の上湧別町（現・湧別町）、北遠軽駅
は遠軽町に所在。北遠軽駅は学田仮乗
降場として開業。1959（昭和34）年に駅
へ昇格して北遠軽駅となった。
◎北遠軽～開盛
1982（昭和57）年6月25日

名寄本線湧別支線にあった仮乗降場。湧別支線は１日２往復で上下２本とも停車し、中湧別行は名寄本線遠軽まで直通した。1987（昭和62）年４月に駅へ昇格したため、写真は駅へ昇格する少し前になる。写真の撮影年月日を見ると、湧網線最終日に撮影されたものだ。◎四号線仮乗降場　1987（昭和62）年３月19日　撮影：荒川好夫（RGG）

9600形牽引の貨物列車が終着駅の湧別駅に到着するところ。1番線のプラットホームには、到着列車を待つ駅員が立っている。雪で覆われて解りづらいが、2本のレールが3本並ぶ様子がわかる。貨物列車が到着の1番線のほかに、当時は貨物用の側線が2本並んでいた。◎湧別　1974（昭和49）年2月6日

名寄本線湧別支線の終着駅だった湧別駅。木造駅舎が廃線まで使用された。1916（大正5）年に湧別軽便線の下湧別駅として中湧別駅とともに開業した。写真当時の湧別支線は、名寄本線の支線ではあるものの、名寄本線の中湧別の先とは直通せず、湧網線と直通を行っていた。そのため、当時の全国版の時刻表では名寄本線の時刻表欄に掲載がなく、直通先の湧網線の時刻表欄に掲載されていた。その後、湧網線廃止以前から名寄本線との直通へ切り替わった。
◎湧別　1982（昭和57）年7月29日　森嶋孝司（RGG）

当時の旅客列車の本数も、末期と同じ1日2往復だった。ただし、末期は名寄本線との直通で、写真当時は湧網線との直通運転であった。昭和50年代に貨物や荷物の取り扱いを廃止した後も、1日2往復の旅客扱いの駅に駅員が配置され、1986（昭和61）年10月まで駅員配置駅だった。その後、国鉄職員の配置はなくなり、簡易委託駅となった。
◎湧別　1974（昭和49）年2月6日

湧網線

ゆうもうせん

白樺林を通り抜ける湧網線最後の日のキハ22。サロマ湖が近く、計呂地駅から湖へは約800m、志撫子仮乗降場は湖畔にあった。計呂地駅跡は交通公園となり、駅舎やホーム、レールのほか、C58形や旧型客車が展示保存されている。
◎計呂地～志撫子仮乗降場　1987（昭和62）年3月19日　撮影：荒川好夫（RGG）

中湧別駅発車時刻表

湧網線（下り）						名寄線（湧別）					
時　刻	列車名	行先	のりば	記	事	時　　刻	列車名	行先	のりば	記	事
5.15	921	網走	1			6.50	660	湧別	1		
7.30	923	網走	3			16.20	662	湧別	1		
11.25	925	網走	3								
16.10	927	網走	1								
18.46	929	網走	3								

中湧別駅の発車時刻表。右側は、名寄本線湧別支線の発車時刻表で1日2本のみ。左側が湧網線で、朝2本、昼前に1本、夕方1本、夜に1本の計1日5本、全て網走行だった。湧網線はこの写真撮影の翌日に最終運行日を迎え、翌3月20日に廃止された。一方の名寄本線湧別支線は、名寄本線と同じ1989（平成元）年5月1日に廃止となった。
◎中湧別　1987（昭和62）年3月18日　撮影：荒川好夫（RGG）

サロマ湖の南側を走る9600形牽引の貨物列車。計呂地から床丹にかけては一部を除いて湖から離れていた。ただし、計呂地
〜床丹間には、湧網線廃止まで浜床丹仮乗降場があり、浜と付くように湖畔にあった。
◎計呂地〜床丹（撮影区間不詳）1975（昭和50）年5月23日

踏切に向かってやってくるキューロ
ク。湧網線は床丹から佐呂間にかけ
て南下し、佐呂間駅へ向かっているも
のの、サロマ湖からはどんどん離れて
行った。再びサロマ湖畔に湧網線が
姿を見せるのは、2つの駅、3つの仮
乗降場を経た浜佐呂間駅付近だった。
床丹と佐呂間の間には、若里仮乗降
場が湧網線廃止まで存在した。
◎床丹～佐呂間（撮影区間不詳）
1974（昭和49）年2月6日

　佐呂間という駅名からサロマ湖が近いイメージだが、佐呂間駅近辺の区間は、サロマ湖から最も離れた区間だった。湧網線はサロマ湖南側の途中から湖と離れて大きく南へ向かって迂回し佐呂間駅へ至った。佐呂間駅構内は広く、単式ホームと片面使用の島式ホームによる２面２線の列車交換可能駅で、島式ホームの本線反対側は貨物用の側線として使用された副本線（写真左側の貨車が並ぶところ）、その向こうに３線の側線などを有する駅だった。写真には駅舎側１番線の9600形69625号機が写る。右に折れる線路は貨物ホームへの側線。◎佐呂間　1974（昭和49）年７月８日　撮影：白井朝子（RGG）

野花が咲く湧網線に冷蔵車を連ねたキューロクが走る。煙室ドアや前端梁の警戒帯がだいぶん剥がれているようだ。浜佐呂間駅はサロマ湖の南東の湖畔に位置し、サロマ湖から離れて内陸へ進むと仁倉駅だった。
◎浜佐呂間～仁倉　1975（昭和50）年5月22日

流氷のオホーツク海を背景にして、ドラマチックな煙を棚引かせながら常呂川を渡る9600形の雄姿。鉄橋にはトラス橋も見られる。湧網線沿線には、サロマ湖や能取湖、網走湖といったように湖畔が多いが、一方でオホーツク海沿いを走る区間は少なく、この常呂〜能取間で一気にオホーツク海に接近して、再び内陸部へ戻る。1972（昭和47）年に廃駅となるまでは、常呂〜能取間に常呂港仮乗降場があり、オホーツク海が間近に広がる仮乗降場だった◎常呂〜能取　1974（昭和49）年2月6日

夏の日の常呂駅。駅の向うは砂浜でオホーツク海を望むことができた。常呂町の中心地にあった駅で、駅舎は水色に塗られた木造駅舎だった。角型の郵便ポストのほか、コカ・コーラとUCCの自販機が見える。駅舎やホーム、レールなど、駅関係のものは撤去され、駅跡はバスターミナルになっている。◎常呂　1983（昭和58）年7月31日　撮影：荒川好夫（RGG）

写真手前が能取方面で、後方がオホーツク海。海沿いから離れて内陸へ入ったところ。このような写真を見ていると、当時は北海道の隅々まで国鉄ローカル線が走っていたことを感じさせてくれる。◎常呂〜能取　1981（昭和56）年10月12日

凍り付いて姿が見えない能取湖付近を走るキューロク牽引の貨物列車。氷結した湖が冬の北海道らしい。能取湖は「のとろこ」「のとりこ」の両方の読みがあるが、駅名の読みは「のとろ」。ちなみに、能取〜北見平和間には中能取仮乗降場があったが、1972（昭和47）年に廃駅となった。◎能取〜北見平和　1974（昭和49）年2月6日

冷蔵車を連結した貨物列車の向こうがオホーツク海。能取湖湖畔の能取駅から常呂駅方面へ向かうと、やがてオホーツク海の水平線が現れた。手前の放牧された乳牛とともに、これぞ北海道という景色だ。
◎能取～常呂　1975（昭和50）年5月24日

雪と氷に覆われた能取湖が右に広がり、写真奥がオホーツク海。湧網線の撮影地として人気のあった能取湖沿い。単行で走るキハ22とともに北海道を走るローカル線らしい絶景だった。写真は湧網線最終日の撮影で、この日をもって湖畔を行くキハ22も見納めとなった。◎能取～北見平和　1987（昭和62）年3月19日　撮影：荒川好夫（RGG）

5月下旬の能取湖の湖畔を走る9600形牽引の貨物列車。常呂〜能取間でオホーツク海沿いを走ってきた列車は、今度は能取湖西側の湖畔に進路を変えて、能取から卯原内あたりまで南下した。
◎能取〜北見平和
1975（昭和50）年5月24日

能取湖に沿って走るキハ22をサイドから撮影した写真。一見すると海のような雄大さがある。面積は、日本で14番目の広さ。オホーツク海とつながっており、かつては淡水と海水が混じり合う汽水湖だったが、1970年代に海水流入口の開閉をやめて常時流入とし、海水湖へ変わった。
◎北見平和〜能取
1981（昭和56）年10月13日

雪景色の網走川を渡る9600形牽引の貨物列車。網走川付近の大曲仮乗降場は、路線図で見ると石北本線と全く関係のないところにあるように見えるが、実際の大曲仮乗降場は石北本線と湧網線が並行する区間にあった。しかし、大曲仮乗降場は湧網線のホームがあるのみで、石北本線の列車は停車しなかった。写真の鉄橋は、ガーダー橋を活かした自転車歩行者専用道路になっている。◎大曲仮乗降場〜二見ヶ岡　1973（昭和48）年3月8日

市街地をオホーツク海上空の東側から西側へ向けて撮影した空撮写真。網走は、遠洋漁業や捕鯨の基地として栄え、海沿いから市街地が広がる。旧網走支庁の所在地で、現在のオホーツク総合振興局が置かれるオホーツク海沿岸部の中心都市。市街地を流れる網走川の左奥に貨物駅が見えるが、ここが初代の網走駅で1912（大正元）年10月に開業。その後、網走駅は1932（昭和7）年12月に西側の現在地（写真左の奥方）へ移転し、釧網線（後の釧網本線）釧路方面とのスイッチバックを解消した。写

網走
1959年
（昭和34年）

真には、初代の網走駅（当時は浜網走駅、後に移転して廃駅）と釧網本線との分岐点が写っており、写真左側の山裾を逆Ｓ字状で市街地の端を抜ける釧網本線が見られる。ちなみに網走刑務所は空撮写真に入り切っておらず、写真左上の奥の方向である。◎撮影：朝日新聞社

渚滑線
しょこつせん

渚滑駅は、渚滑線起点駅で名寄本線との分岐駅。写真は2番線と3番線のプラットホームで、キハ22が写る側が渚滑線発着の3番ホーム、対して島式ホームの右側が名寄本線発着の2番ホーム。写真右側手前には、紋別行や渚滑行、上渚滑行の行先サボが並び、名寄本線紋別と渚滑線を直通する列車が比較的多かった。◎渚滑　1981（昭和56）年6月27日

陽を浴びて畑作地を走るキハ22の２連。朱色のキハ22のサッシが陽に照らされて光る表情が見られる。渚滑線には、渚滑と付く駅が、起点駅の渚滑駅のほかに下渚滑、中渚滑、上渚滑と続いた。なお、撮影区間の中渚滑〜上渚滑間には廃線時まで上東仮乗降場があった◎上渚滑〜中渚滑（撮影区間不詳）1981（昭和56）年10月12日

牧場横を通り抜ける9600形。沿線では、酪農風景を車窓から見ることもできた。沿線の駅は渚滑から奥東仮乗降場までが紋別市、滝ノ下から北見滝ノ上までが滝上町に所在、滝ノ下〜濁川間には、1955（昭和30）年から渚滑線廃止の1985（昭和60）年まで雄鎮内仮乗降場が設置されていた。◎滝ノ下〜濁川（撮影区間不詳）1972（昭和47）年8月8日

警戒のゼブラ塗装をした9600形
が、ドラフト音とともに煙を吹き
出し駆けてくる。カーブ（奥）か
ら直線へ入ったところで、編成の
後ろはまだカーブ上だ。線路は
雪が解けているようだが、線路の
周辺はまだまだ残雪で、背景の山
も寒々しい雪景色である。
◎滝ノ下～濁川（撮影区間不詳）
1973（昭和48）年3月29日

白煙を棚引かせながら、3月下旬の雪景色を走る9600形牽引の貨物列車。まるで墨絵を見るような情景だ。濁川駅は木材の
搬出で賑わった駅で、ストックヤードに接続する森林鉄道がかつて運行していた。
◎濁川〜北見滝ノ上　1973（昭和48）年3月29日

雪景色の濁川駅とキハ40。当時は単式ホーム1面1線の駅だったが、かつてはもう1面のプラットホームがあり、列車交換可能駅であった。写真右端より向うは、貨物列車で木材を搬出するための木材置き場として利用されていたが、同駅の貨物取扱いは1978（昭和53）年に廃止された。キハ40の左側に写るのが駅舎で、駅跡を整備したパークゴルフコースの施設となった。◎濁川　1983（昭和58）年3月16日　撮影：荒川好夫（RGG）

渚滑方から見た駅構内の様子。右側が駅舎で単式ホーム1面1線。駅員の手が上がるのが見えるので、キハ22が発車すると
ころだろうか。その横の側線はすでに剥がされている。写真手前の側線は本線の1番線の先で接続する線と、車庫へ向かっ
て分岐する線に分かれている。写真左側には原木が積まれた貯木場が写る。◎北見滝ノ上　1981（昭和56）年6月27日

単式ホームで折り返し運行を待つキハ22。写真手前が渚滑方面。北見滝ノ上駅着が1日7本、同駅発が1日6本あった。同
駅発は朝と夜の各1本ずつを除き、残り4本は全て名寄本線紋別行だった。左側に写るのは、製材所の施設のようだ。
◎北見滝ノ上　1981（昭和56）年6月27日

1981（昭和56）年当時の北見滝ノ上駅の駅舎。1954（昭和29）年に一部を改築した駅舎で、滝上町の玄関口だった。滝上町は、1960年代頃までは人口１万人以上を数えたが、写真当時や廃線時は５千人台まで減少していた。廃線後の駅舎は少し移設されて「北見滝ノ上駅舎記念館」になっている。◎北見滝ノ上　1981（昭和56）年６月27日

駅は渚滑線の開業にあわせて1923（大正12）年11月に開業。夕張線の滝ノ上駅が先に開業していたので、北見滝ノ上駅となった。写真は、２月の厳冬期に撮影された駅舎と駅前通り。北海道では1970年代に入っても馬そりが時々見られた。◎北見滝ノ上　1974（昭和49）年２月５日

興浜南線
<ruby>興浜南線<rt>こうひんなんせん</rt></ruby>

興部を発車したキューロクこと9600形牽引の貨物列車が、早朝の御西川を渡る。北海道の夏、昇る朝陽を受けて川面が褐色に染まっている。興部〜沢木間の駅間は長く8.3kmあり、御西川は沢木側に位置する。写真手前側がオニシ沼で鉄橋向う側がオホーツク海側になる。このあたりはオニシ沼からオホーツク海へ注ぐ途中で川幅が広い。
◎興部〜沢木　1972（昭和47）年8月8日

オホーツク海を背景に築堤を走るキハ22。興浜南線は興部を発車するとオホーツク海へ向かって東進、北へ進路を変えて、沢木～元沢木（仮乗降場）～栄丘あたりの海岸付近を走った。沢木～元沢木（仮乗降場）間では海に突き出た岬の付け根付近へ迂回し、その先は再び海岸線に沿って直進した。◎沢木～栄丘（撮影区間不詳）1981（昭和56）年10月12日

青々としたオホーツク海や乳牛の放牧風景を背景にして走る単行のキハ22。写真奥に牛舎が写り、写真左側に岬が写る。興浜南線は、興部駅以外の駅は雄武町に所在。沢木～栄丘間には、1985（昭和60）年の興浜北線廃線まで元沢木仮乗降場があった。
◎沢木～元沢木仮乗降場
1981（昭和56）年10月12日

写真手前に栄丘駅の土盛りのプラットホームが写る。単式ホーム1面1線の棒線駅。写真左側には、ホーム脇を通る道路が
写る。1948（昭和23）年に仮乗降場が開業、1956（昭和31）年に駅へ昇格した。右がオホーツク海側で乳牛の放牧がされている。
◎栄丘～雄武共栄仮乗降場　1973(昭和48)年8月　撮影：小野純一（RGG）

雄武共栄仮乗降場付近で雄武川を渡った興浜南線。写真は雄武川を渡るキハ22を遠望したシーン。写真手前も雄武川で、川
は蛇行している。雄武共栄仮乗降場は雄武川河口に位置し、1955（昭和30）年12月に開業した。
◎雄武共栄仮乗降場〜雄武　1981（昭和56）年10月12日

興浜南線終着駅の雄武駅。興部側から見た駅構内の様子。向かって右側が駅舎側で単式ホーム1面1線の1番線。1番線に接続して貨物用の専用線が写真奥の北側へ続いていた。キハ22が停車する写真左側には、転車台や機関庫へ向かう線路などが見られる。◎雄武　1974（昭和49）年2月4日

雄武駅構内で撮影のDE15形1号機。同駅では、全線廃止の前年にあたる1984（昭和59）年1月まで貨物の取扱いを行い、貨車とディーゼル機関車の連結解放シーンが見られた。写真右側に丸太が写るように、パルプにする丸太の積荷駅でもあり、燃料や肥料などが貨物列車で運ばれてきた。◎雄武　1974（昭和49）年7月8日　撮影：荒川好夫（RGG）

雄武駅は、駅名は「おむ」と読み、町名の「おうむ」とは異なった。1959（昭和34）年改築の木造駅舎が使用され、写真は1980（昭和55）年撮影時のもの。昭和50年代中頃とあって、郵便ポストは円形ではなく箱形で、コカ・コーラやUCCの細型の自販機が今や懐かしい。駅舎は解体され、駅跡には「道の駅おうむ」が建ち、「歴闘五十年　興浜南線終着駅　おむ」の記念碑が立つ。
◎雄武　1980（昭和55）年7月15日

根北線
こんぽくせん

根北線は斜里〜根室標津間を結ぶ目的で建設が進められたが、斜里〜越川間の12.8kmのみ1957（昭和32）年11月に開業した。
越川より先の未成区間にはコンクリート製の越川橋梁が現在も残る。写真当時の根北線は1日3往復で、土曜日のみ1往復
増しの1日4往復だった。その後、朝夕の1日2往復となり、1970（昭和45）年12月に廃線となった。
◎以久科　1968（昭和43）年11月　撮影：朝日新聞社

相生線

あいおいせん

美幌駅で石北本線から分岐した相生線。写真は相生線在りし日の美幌駅舎。1929（昭和4）年改築の木造駅舎で、1953（昭和28）年に起こった町の大火で一部を類焼したものの復旧を果たした。相生線は駅舎側のホーム、1番線から発着した。相生線が廃線となった1985（昭和60）年にこの駅舎は解体され、同年12月に現駅舎へ改築された。
◎美幌　1983（昭和58）年8月3日　撮影：荒川好夫（RGG）

貨物の取扱いで賑わった当時の津別駅。前端梁にゼブラの警戒帯が塗られた9600形29694号機牽引の貨物列車が発車するシーン。木材の搬出駅だった津別駅。駅付近のストックヤードには、1963（昭和38）年に廃止されるまで津別森林鉄道が接続していた。相生線の無煙化は1975（昭和50）年で、1979（昭和54）年12月には貨物の取扱いが廃止された。
◎津別　1974（昭和49）年7月13日　撮影：白井朝子（RGG）

津別の町を走るキハ22。塗装が汚れておらずきれいに見える。津別町には相生線の駅や仮乗降場が10あり、津別駅はその中心駅だった。駅周辺には津別町役場や美幌警察署津別駐在所、少し離れたところに道立の津別高校が所在。通学に便利なように、高校前仮乗降場が1955（昭和30）年に開業した。
◎高校前仮乗降場〜津別　1974（昭和49）年7月13日　撮影：荒川好夫（RGG）

貯木場の横を走るキハ22。背景に本岐
の町並みが広がり、町並みを貫く道が
通る。その道を写真右側へ進み右折し
たところに本岐駅があった。写真の右
側に写る樹木が茂る小高い丘の向うが
本岐駅構内である。写真左方は北見相
生方面。
◎本岐駅付近
1981（昭和56）年6月29日

夏空のもと、耕作地にキハ22の朱色が映える。沿線の津別町は8割強が森林で、南部に広大な森林地帯が広がる。林業が主な産業であり、木材加工の分野でも知られる。一方で扇状地を活かした耕作地が見られ、写真のようにキハ22が付近をのんびりと走った。
◎恩根〜本岐
1983（昭和58）年8月3日
撮影：荒川好夫（RGG）

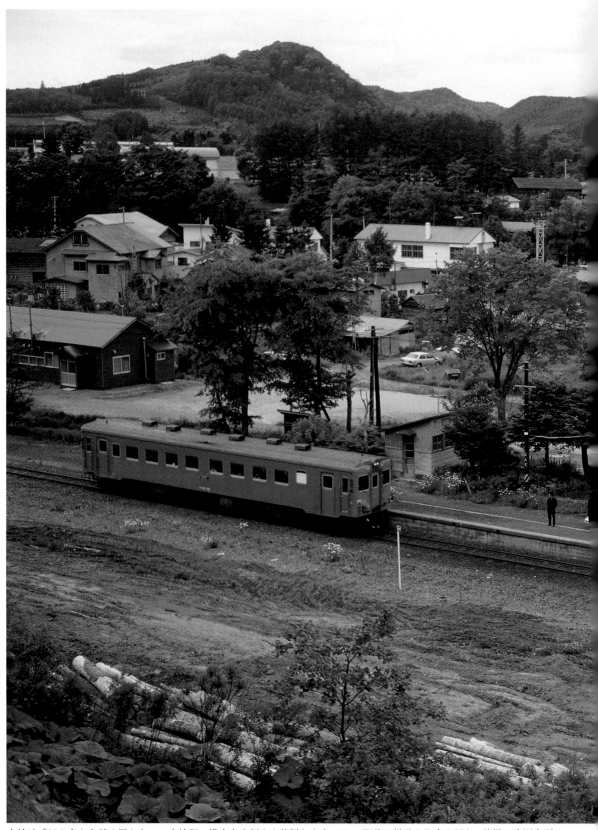

本岐は「ほんき」と読み濁らない。本岐駅の構内を山側から俯瞰したところ。駅前の様子や駅舎が写り、美幌や津別方面へ通学する高校生の姿が見られる。写真当時は単式ホーム1面1線の旅客線だったが、線路の横に枕木やレールの痕跡が写っており、相対式ホーム1面1線を加えた2面2線の列車交換可能駅であった。◎本岐　1981（昭和56）年6月29日

連結器が付く前端梁に警戒帯のゼブラ塗装が見られる9600形。車体を傾けながらカーブを走る。写真データには本岐～北見
相生とあるが、間には大昭仮乗降場、開拓仮乗降場、布川駅があり、大昭と開拓の仮乗降場は1956（昭和31）年に開業した。
◎本岐～北見相生（撮影区間不詳）1973（昭和48）年10月10日

駅を飾る白い花が心を和ませるシーン。通学時間が終わった後の美幌方面への列車だろうか？お出掛けの親子や地元の乗客らしき姿が見える。美幌方面の上り9時台とその前の7時台の列車は、石北本線直通列車で北見行だった。
◎本岐　1981（昭和56）年6月27日

白い煙を棚引かせながら車掌車1両を連結して牧草地横を走り抜けるシーン。放牧風景がいかにも北海道らしい。撮影区間が本岐〜北見相生間と広い範囲になっているので判然としないが、両駅間には、開拓時代を感じさせる名の大昭や開拓の仮乗降場があり、大昭とは、大正時代や昭和に開拓したことを示す地名と言われている。
◎本岐〜北見相生（撮影区間不詳）1972（昭和47）年10月22日

本岐駅付近には広大な製材所や貯木場があり、真新しい製材が積まれた作業所脇をキハ22が走る。写真の右方が本岐駅側、
写真左側が美幌方面。俯瞰した写真なので、写真左側を見ると、美幌方でカーブした線形がよくわかる。
◎本岐駅付近　1981（昭和56）年6月29日

網走川の谷を、カーブを描きながらガーダー橋を渡るキハ22。網走川は蛇行するため、布川〜北見相生間で2回網走川を渡った。廃線後は樹木が生い茂り、写真のような風景から一変している。布川駅は1947（昭和22）年に仮乗降場で開業し、その後、1956（昭和31）年に駅へ昇格した。◎北見相生〜布川　1981（昭和56）年6月28日

樹林地帯を終着へ向けて走るキハ22の一般色。この先、北見相生から阿寒湖経由で白糠線へ接続する阿寒線構想があったが、その路線がもし実現していたら、このような情景の中を走ったのかと想像できる。
◎布川〜北見相生　1981（昭和56）年6月28日

白樺が並ぶ北見相生駅跡。写真手前に写る保存車両は、駅構内の除雪用車両で、広幅雪かき車のキ700形キ703。現在は黄帯が追加されている。写真は1999（平成11）年当時の様子で、その後、写真右側に写る駅舎は、改修復元を行い利用されている。また、駅舎やホームを遮るように並んでいた保存車両は、駅舎やホームが見えるように、車両の展示位置を駅構内の端側へ移動し、車両の再塗装も行われた。◎北見相生駅跡　1999（平成11）年5月11日

標津線
しべつせん

側面が白いペンキ文字を消した跡のようで、黒い車体に白いパウダーを塗ったような様相になっている。機関車次位には、白緑色の国鉄コンテナが積載され、煤で汚れているのがわかる。標茶〜泉川間には、多和仮乗降場があり、JR北海道になって駅へ昇格した。◎標茶〜泉川（撮影区間不詳）1972（昭和47）年10月23日

道東の中心都市釧路。写真奥が太平洋で、中央を流れる釧路川の河口に形成された都市。太平洋側から見て右岸に元からの市
街地（写真手前）が広がり、空撮当時は釧路市役所などの官公庁もこの右岸に集約されていたが、現在は市役所が左岸の新市街
地に所在するなど、都市の中心機能は左岸へ移っている。写真右側には、釧路川に架かる幣舞橋が写る。当時の幣舞橋は昭和

初期に完成した先代の橋で、優雅で頑丈な鉄筋コンクリート製の名橋として知られた。旧市街地と新市街地を結ぶ幣舞橋は、釧路のメインストリート。新市街地側へ渡った北大通には百貨店も見られる。その先が1917（大正6）年12月に旧市街地から移転の釧路駅で、以来、交通の要衝の周辺として左岸が都市化し、釧路の中心市街地へと発展した。◎撮影：朝日新聞社

1936（昭和11）年10月に標津線標茶〜計根別間が開業。翌年10月には根室標津まで延伸開業した。写真は1982（昭和57）年当時の計根別駅舎。かつてはこの付近に殖民軌道養老牛線もあった。計根別はアイヌ語の「ケネペッ」に由来するという説もある。◎計根別　1982（昭和57）年6月25日

ひたすら原野が続く根釧台地を走るキハ22の２連。標津線を感じさせるひとコマだ。計根別と当幌の間には1961（昭和36）年開業の開栄仮乗降場があり、1987（昭和62）年の国鉄分割民営化でJR北海道になると駅へ昇格した。開栄の名には、開拓で栄えるという入植者の願いが込められている。
◎計根別～当幌（撮影区間不詳）
1979（昭和54）年11月４日

標津線は２路線の系統に分かれ、標茶～中標津～根室標津間と支線的な中標津～厚床間の路線があり、両線が合流分岐するのが中標津駅だった。駅舎は1968（昭和43）年に改築された近代的な駅舎で、根室標津駅と雰囲気が似ていた。
◎中標津　1983（昭和58）年３月13日　撮影：森嶋孝司（RGG）

右側が改札口や駅舎で、上屋のない広いホームが横たわっていた。中標津方面へ向かう列車を見送る駅員の姿が写り、横には冷蔵車も連結したC11牽引の貨物列車が停車している。漁業が盛んな標津町は鮭の漁獲量が多い町として知られている。
◎根室標津　1973（昭和48）年10月8日

終端側から見た根室標津駅構内。写真奥が中標津、標茶方面。写真右側が駅舎とプラットホームでキハ40の姿が見える。1980（昭和55）年に貨物の取扱いを廃止したため、旅客用プラットホームの写真手前にある右側の貨物ホームのみが残り、貨物の積み降ろしに使用された側線は取り除かれている。キハ40が停車する本線の横3線は留置線で、写真の左端で合流する線路は転車台へつながっていた。
◎根室標津
1982（昭和57）年6月25日

中標津方面を望みながら発車待ちをするＣ11牽引の貨物列車。根室標津駅を出た列車はまずは北へ走り、やがて西へ進路を変えて進んだ。駅構内は北から南にかけて広がり、南端には機関庫や転車台が備わっていた。転車台は現在も存在し、近年有志によって修繕され、転車台付近へ移設のＣ11形とともにまちおこしの一環としてイベントなどで活用されている。
◎根室標津　1973（昭和48）年10月8日

終着駅に明かりが灯る。駅舎内は終着駅にふさわしく、広めに設計されていた。標津町に所在した標津線の駅は、隣駅の川北駅とこの根室標津駅のみで、同駅は標津町の代表駅だった。根室標津駅着の最終列車は19時台（当時）、最終の発車列車は20時台であった。◎根室標津　1979（昭和54）年11月3日

根室標津駅は、計根別から延伸して1937（昭和12）年に開業。標茶から中標津を経由する標津線の終着駅であった。駅名は宗谷本線士別駅と同じ読みのため、根室を付けた駅名となった。写真は1967（昭和42）年に改築された近代的な駅舎で、写真左側には貨物ホームに停車する貨車が写る。◎根室標津　1973（昭和48）年10月8日

黒煙を棚引かせて道東の標津線を走るC11形93号機。標津線のC11は、標茶機関支区とも一部のファンに呼ばれた標茶機関区配置。標茶機関支区と呼ばれるのは、かつて釧路機関区標茶支区だった時代が長かったことにもよる。中標津～春別間には板張りホームの協和駅があり、1957（昭和32）年に開業、標津線廃止の1989（平成元）年まで存在した。
◎中標津～春別（撮影区間不詳）1972（昭和47）年10月24日

1977（昭和52）年から製造された北海道酷寒地仕様のキハ40形100番台。標津線でも運用され、お馴染みの顔だった。春別は支線的な中標津〜厚床間の駅で、一方の西春別、上春別の両駅は標茶〜根室標津間の路線の駅。同じ標津線の春別と付く駅であっても、路線系統が異なったところに駅があった。ただし、3駅とも別海町に所在し、春別の駅名標は、西春別駅跡の別海町鉄道記念公園で西春別、上春別の駅名標とともに保存されている。
◎春別〜協和　1983（昭和58）年8月1日　撮影：木岐由岐（RGG）

冬期の青空の元、白い煙を棚引かせながらＣ11が車掌車のみを連結して走る。3月でまだ寒い時期だが、雪が解けて地面が見え隠れしている。春別と西別の駅間には平糸駅があり、1967（昭和42）年に仮乗降場から駅へ昇格し、標津線廃止まであった。
◎西別（後の別海）～春別（撮影区間不詳）1973（昭和48）年3月5日

カーブ区間を抜けるＣ11形227号機。この227号機は、大井川鐵道の動態保存蒸気機関車として今なお現役で、1976（昭和51）年に本線での復活SL日本第1号となった。近年では「きかんしゃトーマス号」などでも知られる。写真は1974（昭和49）年7月撮影で、4ヶ月前の同年3月に追分機関区苫小牧支区から釧路機関区へ転属したばかりだった。翌年4月に標津線は無煙化したため、227号機が標津線で運用されたのは、わずか1年である。
◎平糸〜西別（後の別海）1974（昭和49）年7月10日　撮影：荒川好夫（RGG）

別海駅付近の西別川を渡るキハ40とキハ22の2連。廃線後、この橋梁は遊歩道として整備された。西別は地区の旧名で西別川に由来する。中標津〜厚床間は1日4往復の運行だったが、撮影当時の時刻表（1983年8月号）によると、釧路発厚床経由の中標津行が夏期の臨時列車として1本追加され、上りが1本多い。
◎奥行臼〜別海　1983（昭和58）年8月1日　撮影：荒川好夫（RGG）

C11形93号機が貨物列車を牽引してやってくる。西別の駅名は、1976（昭和51）年12月に別海へ改称するまでの駅名。駅名は「べっかい」だが、町名は「べつかい」だ。標津線は標茶〜中標津〜根室標津間と中標津〜厚床間の支線的な路線に分かれ、写真の区間は後者である。◎西別（後の別海）〜奥行臼　1972（昭和47）年10月24日

コンテナ貨車を次位に連結したC11が
踏切を通過する。青い空に白樺が映え
る。奥行臼駅は別海町にあり、駅舎や
詰所、ホームや線路が保存され、別海町
によって駅舎などが有形文化財になっ
ている。また、かつて接続した別海村
営軌道の自走客車や加藤製のDL、ミル
クを運んだ貨車が展示保存されている。
◎厚床〜奥行臼
1973（昭和48）年3月5日

標津線が分岐していた当時の根室本線
厚床駅舎。標津線が廃止された1989（平
成元）年にバス待合所を兼ねた現在の
駅舎となった。写真当時の厚床駅では、
駅前の田中屋の「ほたて弁当」が販売
され、駅弁販売を示す弁マークが時刻
表に付く駅だった。根室駅には時刻表
に弁マークがなく、日本最東端の駅弁
が買える駅として知られた。なお、根
室駅で近年開始された予約販売の駅弁
は、いわゆる時刻表に弁マークが付く
駅弁ではなく、地域おこしの一環での
サービスである。また、厚床とよく似
た駅名の根室本線厚岸駅の弁マークは
現在の時刻表でも記されている。
◎厚床　1983（昭和58）年3月13日
撮影：森嶋孝司（RGG）

根室市の市街地を南から北へ向かって空撮した写真で、写真下の根室駅上空付近から捉えている。向うには国後島が横たわる。根室駅は、西側へ戻るように大きくカーブした先に駅があるため、根室駅構内の写真右側（東側）が釧路方面となる。当時の駅構内は転車台も備え、多くの貨車も写っている。空撮年の8月に現駅舎へと改築され、写真では建築中の駅舎が写る。写真では分岐点が切れているが、釧路方から分岐の根室港駅へ至る貨物支線があり、写真右上の湾の窪み付近に駅があった。

東根室駅開業前の写真当時の根室駅は、日本最東端の国鉄駅だったが、貨物駅を含めると、国鉄根室港駅も国鉄最東端と言える良い勝負だった。その後1961（昭和36）年に両駅よりも東側に国鉄東根室駅が開業した。なお、写真当時の日本最東端の鉄道駅は根室拓殖鉄道歯舞駅であるが、空撮と同年に廃線・廃駅となっている。◎撮影：朝日新聞社

写真：安田就視（やすだ なるみ）

1931（昭和6）年2月、香川県生まれ、写真家。日本画家の父につき、日本画や漫画を習う。高松市で漆器の蒔絵を描き、彫刻を習う。その後、カメラマンになり大自然の風景に魅せられ、北海道から九州まで全国各地の旅を続ける。蒸気機関車をはじめとする消えゆく昭和の鉄道風景をオールカラーで撮影。

解説：辻 良樹（つじ よしき）

1967（昭和42）年1月、滋賀県生まれ。東海道本線を走る国鉄時代の列車を見て育つ。北海道から沖縄まで全国を旅する。東京にて鉄道や旅行関係のPR誌編集を経て鉄道フォトライターに。著書に『関西 鉄道考古学探見』『にっぽん列島車両図鑑』（ともに、JTBパブリッシング）『知れば知るほど面白い西武鉄道』(洋泉社)など多数。本誌『北海道の廃線記録』は第一弾から執筆。古きよき時代の鉄道考察をライフワークとし、国鉄時代の列車や駅、旅模様や歴史などを様々な媒体で執筆している。また、20年以上前に生まれ育った滋賀県に拠点を移して活動。滋賀の鉄道に関する写真個展や地域誌への執筆、資料収集、廃線跡ツアーやカルチャーセンターでの講師、自治体などの講演活動なども行っている。

【写真提供】

（RGG）荒川好夫、小野純一、木岐由岐、河野 豊、白井朝子、森嶋孝司

オールカラー

北海道の廃線記録
ほっかいどう　はいせんきろく
（石北本線、釧網本線沿線編）
せきほくほんせん　せんもうほんせんえんせんへん

発行日……………………2021年4月26日　第1刷　　※定価はカバーに表示してあります。

著者………………………安田就視（写真）、辻 良樹（解説）
発行人……………………高山和彦
発行所……………………株式会社フォト・パブリッシング
　　　　　　　　　　　〒161-0032　東京都新宿区中落合2-12-26
　　　　　　　　　　　TEL.03-6914-0121 FAX.03-5955-8101
発売元……………………株式会社メディアパル（共同出版者・流通責任者）
　　　　　　　　　　　〒162-8710　東京都新宿区東五軒町6-24
　　　　　　　　　　　TEL.03-5261-1171 FAX.03-3235-4645
デザイン・DTP………柏倉栄治（装丁・本文とも）
印刷所……………………新星社西川印刷株式会社

ISBN978-4-8021-3235-0 C0026